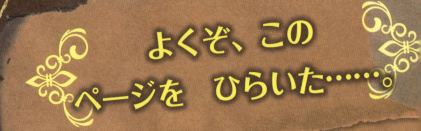

よくぞ、この ページを ひらいた……

きみが これから ぼうけんする
このばしょは、たくさんの モンスターが
封印されているという 伝説の迷宮だ。
この迷宮に しかけられた めいろを とくと、
モンスターたちが 封印から
ときはなたれると いわれている……。

どうか、きみの ちえと ゆうきで
さまざまな めいろを とき、
モンスターたちを かいほうしてほしい。
きみの けんとうを いのっているぞ……!

もくじ

1章 神殿の迷宮 ………… 5

2章 密林の迷宮 ………… 51

3章 水と氷の迷宮 ………… 99

4章 火山の迷宮 ………… 147

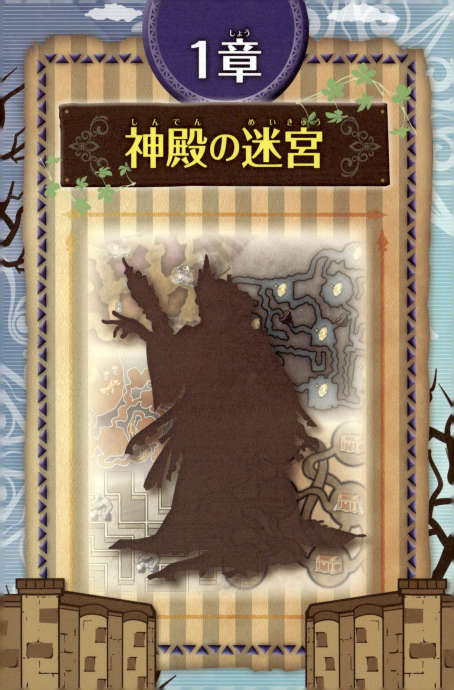

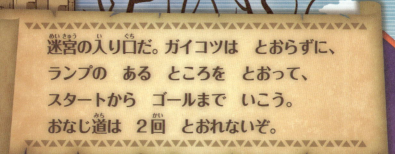

迷宮の入り口だ。ガイコツは とおらずに、
ランプの ある ところを とおって、
スタートから ゴールまで いこう。
おなじ道は 2回 とおれないぞ。

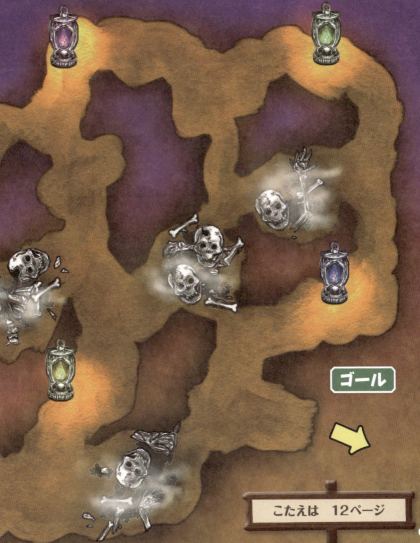

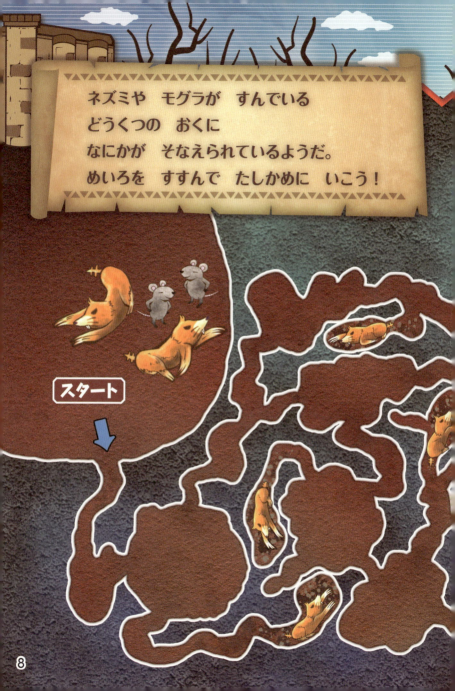

1章 神殿の迷宮

ゴール

こたえは 13ページ

6〜7ページの　こたえ

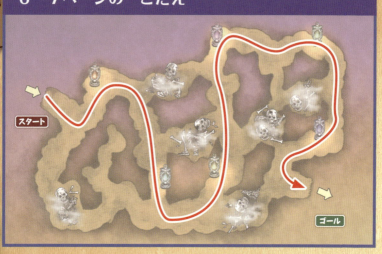

8〜9ページの　こたえ

1章 神殿の迷宮

10〜11ページの こたえ

たまごから 生まれた モンスター
インファントドラゴン を **ゲット!**

50ページを チェック!

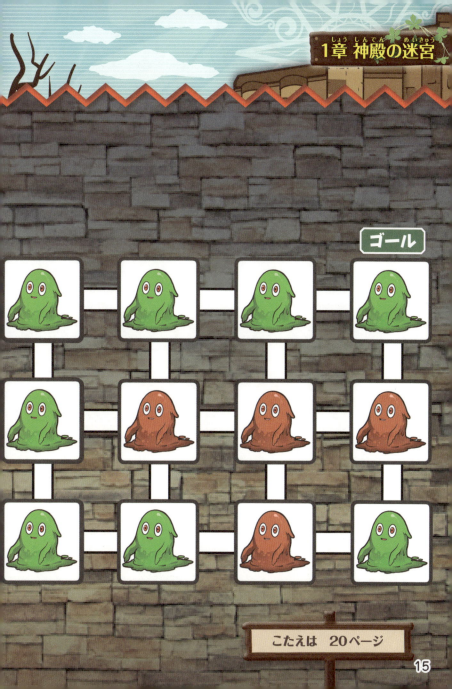

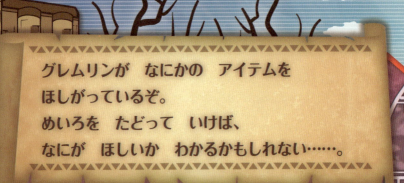

グレムリンが なにかの アイテムを
ほしがっているぞ。
めいろを たどって いけば、
なにが ほしいか わかるかもしれない……。

1章 神殿の迷宮

18〜19ページの こたえ

サンキュー

お礼に
これ、あげる

1章 神殿の迷宮

ゴール

こたえは 28ページ

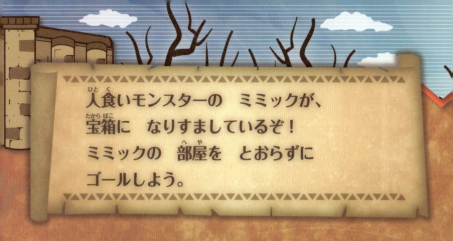

人食いモンスターの ミミックが、
宝箱に なりすましているぞ!
ミミックの 部屋を とおらずに
ゴールしよう。

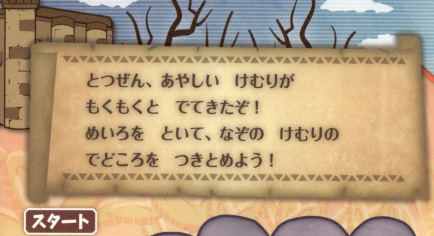

とつぜん、あやしい けむりが
もくもくと でてきたぞ！
めいろを といて、なぞの けむりの
でどころを つきとめよう！

スタート

22～23ページの こたえ

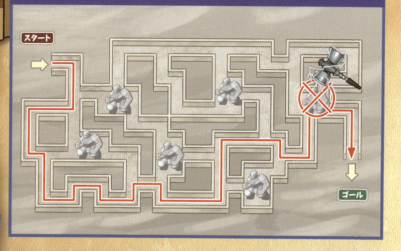

24～25ページの こたえ

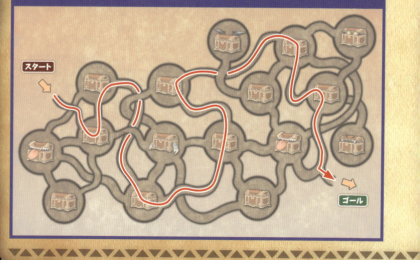

1章 神殿の迷宮

26〜27ページの こたえ

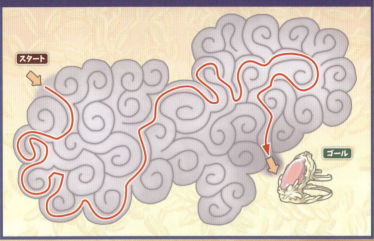

けむりの なかから あらわれた

指輪の精霊 イフリート

を **ゲット!**

50ページを チェック!

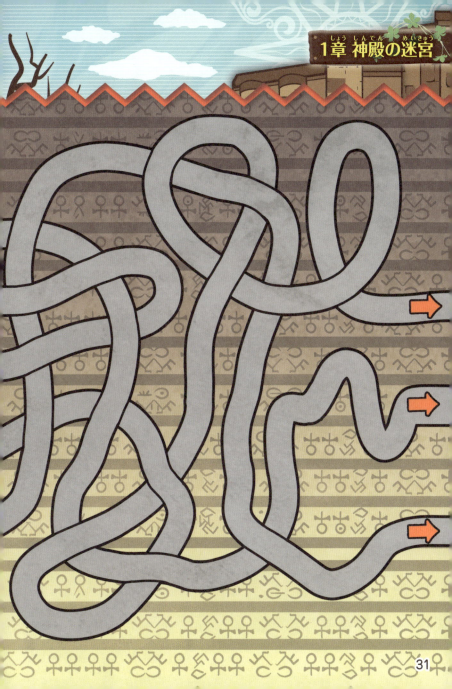

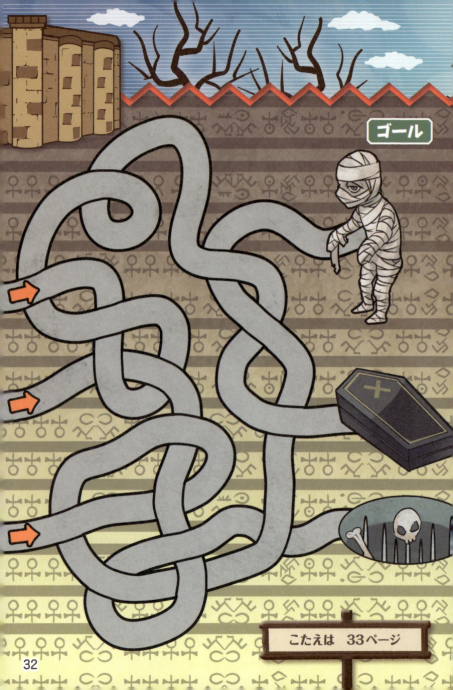

1章 神殿の迷宮

30〜32ページの こたえ

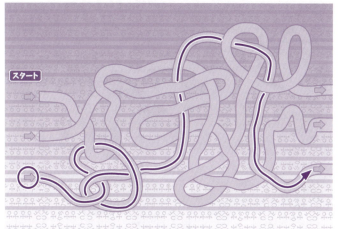

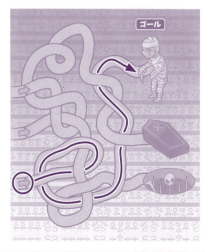

目玉のモンスター
イービルアイが あつまっている。
目が むいている 方向だけに
すすむことが できるぞ。

スタート

1章 神殿の迷宮

▶このときは、下にすすむことができる。

▶このときは、上と右にすすむことができる。

ゴール

こたえは 42ページ

コウモリを あやつる きゅうけつき
バンパイアが あらわれた！
コウモリたちに かまれないように
気をつけて ゴールに いこう。

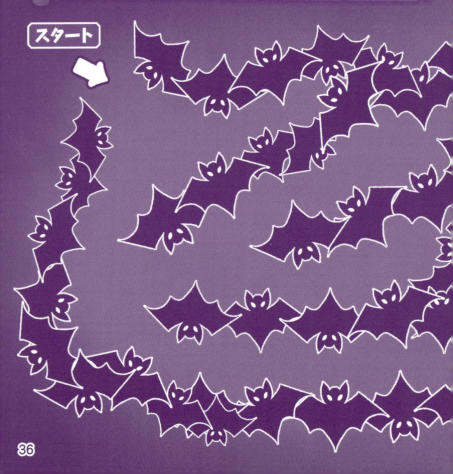

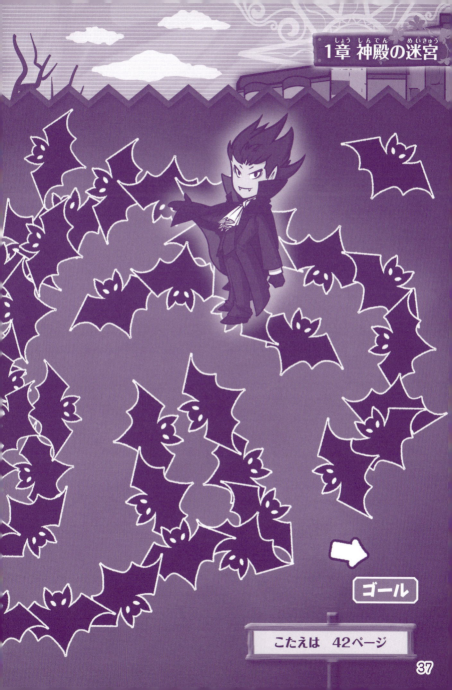

迷宮の 門番のモンスター
ガーゴイルの なぞなぞ めいろだ。
こたえを まちがえた しゅんかんに
おそいかかってくるぞ！

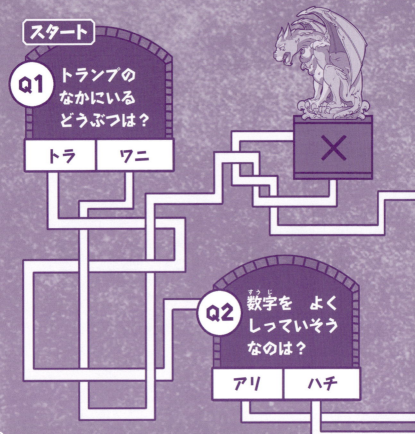

スタート

Q1 トランプの なかにいる どうぶつは？
トラ／ワニ

Q2 数字を よく しっていそう なのは？
アリ／ハチ

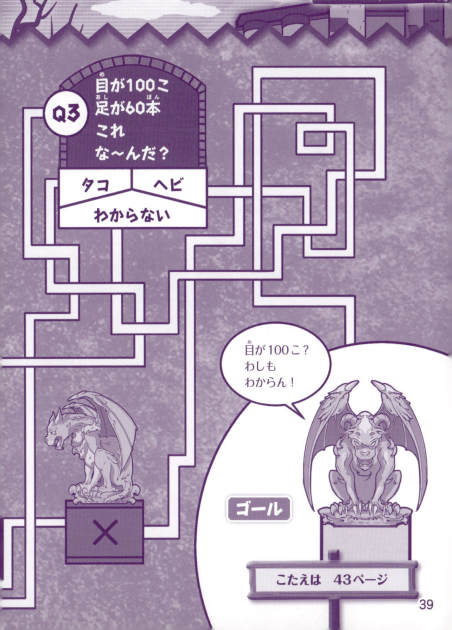

34〜35ページの こたえ

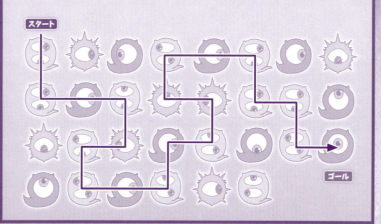

36〜37ページの こたえ

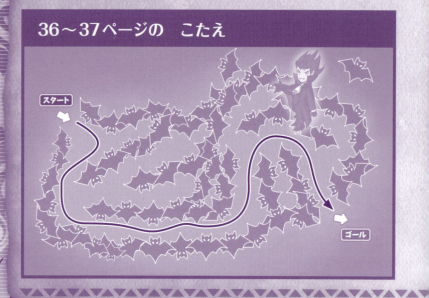

1章 神殿の迷宮

38〜39ページの こたえ

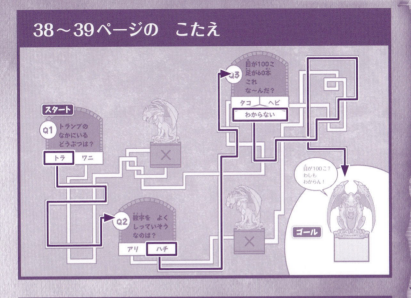

40〜41ページの こたえ

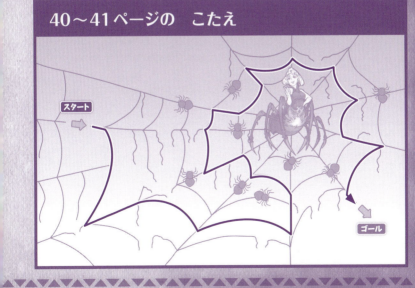

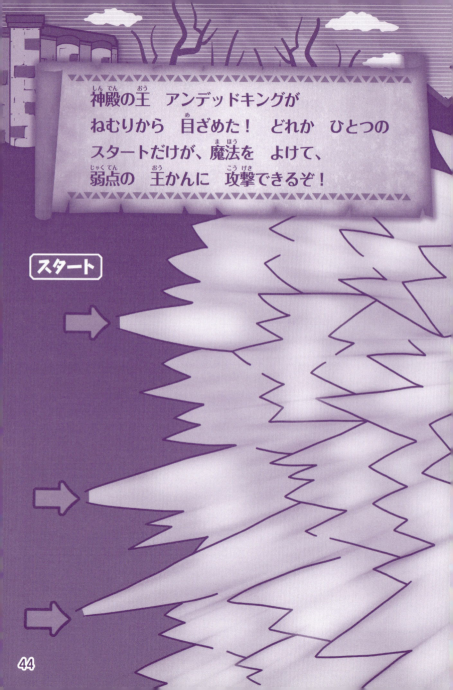

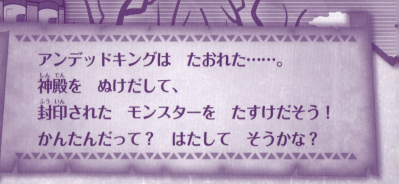

アンデッドキングは たおれた……。
神殿を ぬけだして、
封印された モンスターを たすけだそう！
かんたんだって？ はたして そうかな？

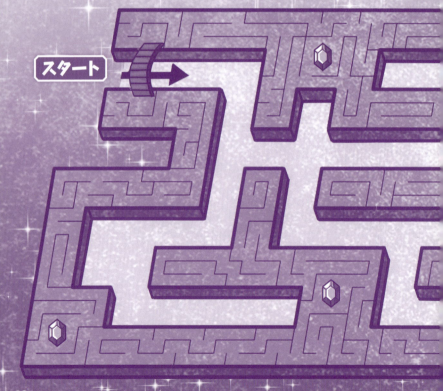

1章 神殿の迷宮

こたえは 48ページ

44～45ページの こたえ

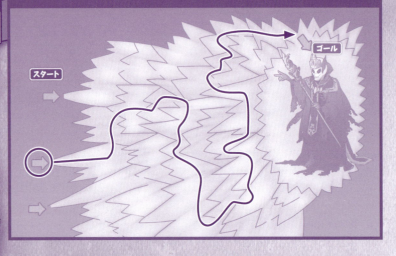

46～47ページの こたえ

- - - - は もうひとつの めいろの こたえ

1章 神殿の迷宮

封印されていた
モンスター
**クリスタル
カーバンクル**
を **ゲット！**

50ページを チェック！

宝石

なんと、46〜47ページの
めいろの かべの 上の面は、
もうひとつの めいろに
なっているぞ！
ゴールの かべの 上の
★から スタートして、
宝石を 8つ あつめて
☆に たどりついたら
レアメタルゴーレム
を **ゲット！**

50ページを チェック！

きみがゲットしたモンスターを、しょうかいしよう！

インファントドラゴン

攻撃力 1500　防御力 1000

生まれたばかりでも、
火の息をはいて　攻撃する。

指輪の精霊　イフリート

攻撃力 4000　防御力 1500

ねがいを　3つ　かなえる
魔法を　つかえる。

クリスタルカーバンクル

攻撃力 2500　防御力 2500

頭に　120カラットの
魔法石が　ついている。

レアメタルゴーレム

攻撃力 1500　防御力 5000

メタルアーマーで　どんな
攻撃も　はねかえせる。

2章
密林の迷宮

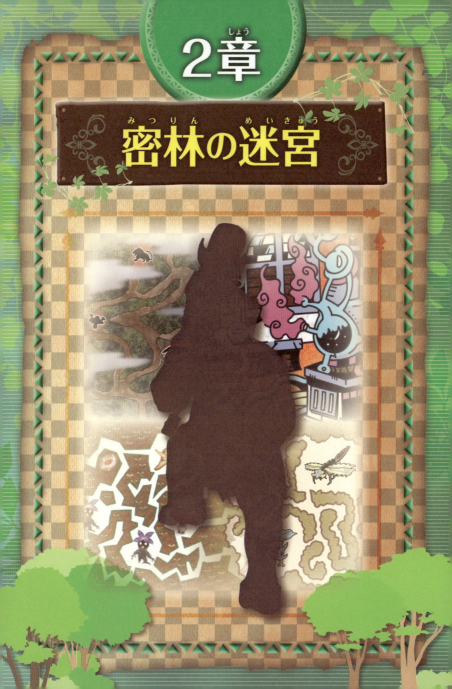

いろいろな しゅるいの 魔法植物が
はえているぞ。きちょうな くすりの
ざいりょうになる マンドレイクだけを、
すべて あつめて ゴールに いこう！

2章 密林の迷宮

マンドレイク

魔法ニンジン

オソロシイタケ

ゴール

こたえは 63ページ

ホムンクルスが つくった 魔法のくすりの
においで、ギガントインセクトたちが
やってきた！ モンスターの いる ばしょを
よけて ゴールまで にげきろう！

52～53ページの こたえ

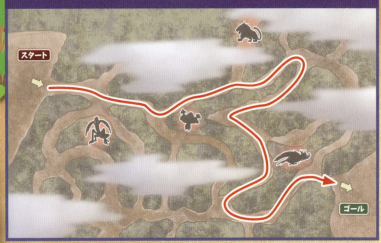

54～55ページの こたえ

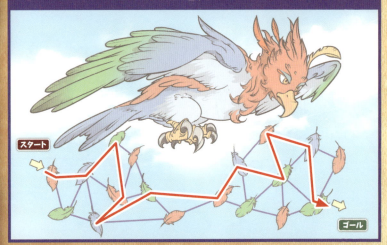

2章 密林の迷宮

56〜57ページの こたえ

58〜59ページの こたえ

60～61ページの こたえ

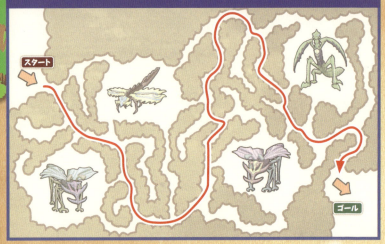

においに さそわれて やってきた
ギガントヘラクレス
を **ゲット!**

98ページを チェック!

2章 密林の迷宮

モンスタープランツが 木の 根っこを そこらじゅうに のばしている。根っこを えらんで あみだくじのように たどり、ゴールを めざそう。

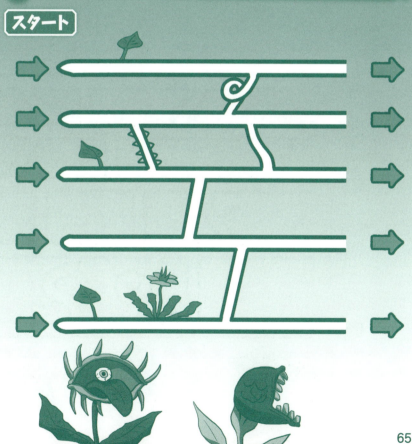

2章 密林の迷宮

こたえは 72ページ

さまよえる カボチャのモンスター
ジャックオーランタンの めいろだ。
おなじ かおを している カボチャに
とぶことが できるぞ。

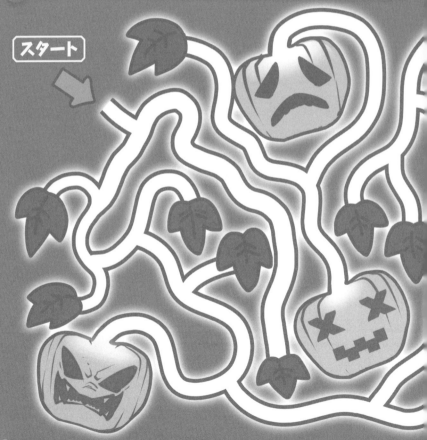

きょだいな 人食い花
ダークラフレシアが さいている！
花の まんなかの 部分を とおると、
食べられてしまうぞ！

スタート

2章 密林の迷宮

ゴール

こたえは 73ページ

65〜67ページの こたえ

2章 密林の迷宮

68〜69ページの こたえ

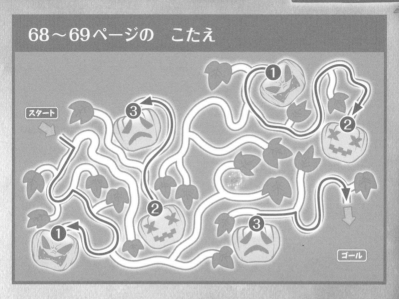

70〜71ページの こたえ

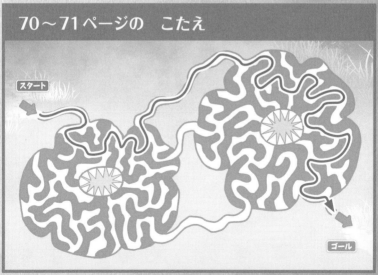

モンスターたちの 足あとが
かさなって できた、けもの道の めいろだ。
足あとを たどって、この森に すんでいる
ネコの妖精 ケットシーを みつけだそう！

2章 密林の迷宮

ウルトラタイガー

サイボーググリズリー

ケットシー

ジャッカロープ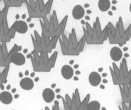

ゴール

こたえは 80ページ

おしゃべりな　ケットシーに
話(はなし)を　きいてみよう。
なにか　おしえてくれるかもしれないぞ。

こ	り	う	た
た	た	ゆ	こ
ら			
ろ	い	き	の
		し	ま	っ	た

スタート

2章 密林の迷宮

こたえは 80ページ

キノコのモンスター　キラーファンガスの
きょだいな　迷宮が　あらわれた！
ケットシーの　ことばを　思いだせば、
うまく　とおりぬけられるかもしれない。

2章 密林の迷宮

こたえは 81ページ

74〜75ページの こたえ

76〜77ページの こたえ

しろいきのこをたどっていこう

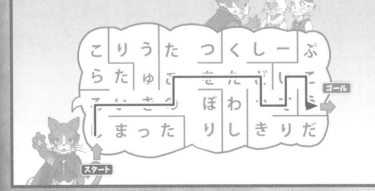

2章 密林の迷宮

78〜79ページの こたえ

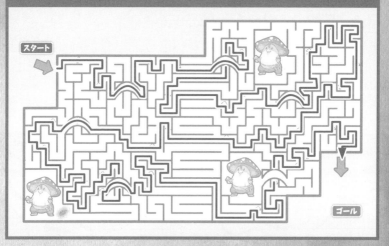

> 白い キノコの 道を とおれば

> まよわずに めいろを ぬけられるよ！

ここは もうどくの ヘビたちの すみか。
植物の ツタを たどって、
ゴールまで すすんでいこう。
ヘビに かまれないよう 気をつけて！

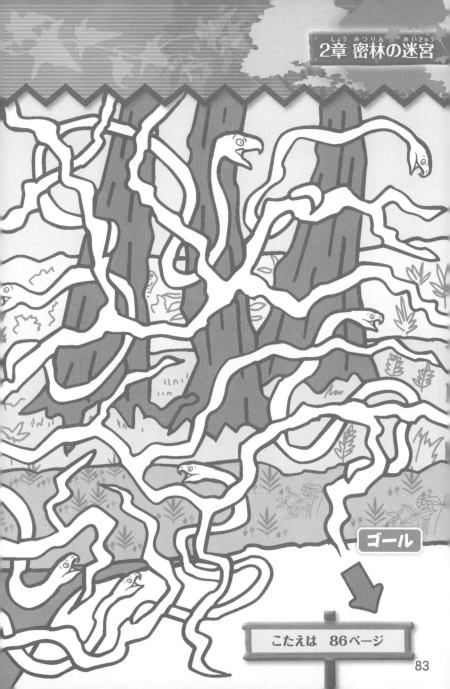

みるもの　すべてを　石にする
おそろしい　メデューサだ！
真実のかがみを　手にいれて
ゴールまで　たどりつこう！

真実のかがみ

スタート

2章 密林の迷宮

ゴール

こたえは 86ページ

82〜83ページの こたえ

84〜85ページの こたえ

2章 密林の迷宮

メデューサは、真実のかがみに うつった 自分の すがたを みて、石に なってしまった……。

羽毛を もつ ヘビの神 **ケツァルコアトル** を **ゲット！**

98ページを チェック！

2章 密林の迷宮

ゴール

こたえは 95ページ

ケンタウロスに つれられて、森の おくの
大きな魔法陣に たどりついた。
ゴールまで すすんで 封印を とこう!

2章 密林の迷宮

ゴール

こたえは 95ページ

大地を ゆらすほどに きょだいな、
伝説の サイクロプスが あらわれた！
本の 右がわが 上に なるように
回転させて、めいろを クリアしよう！

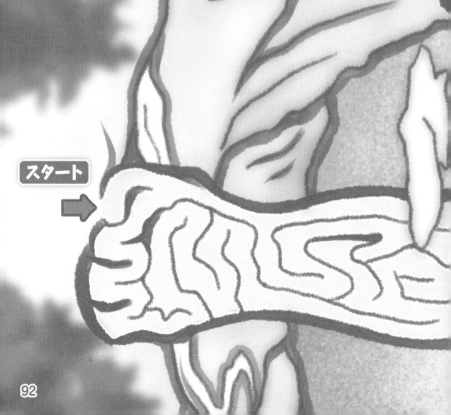

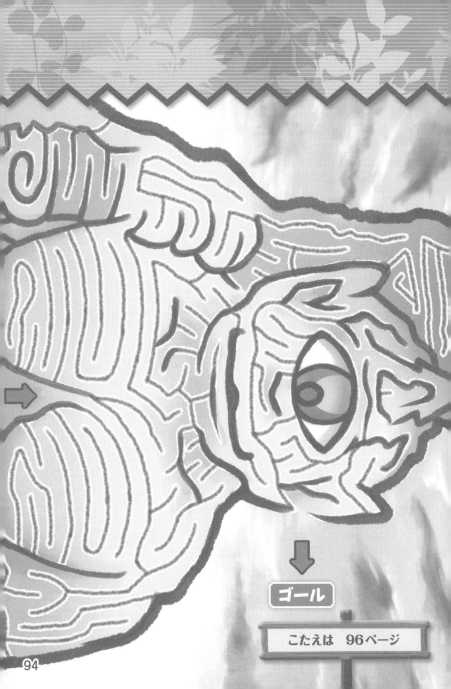

2章 密林の迷宮

88〜89ページの こたえ

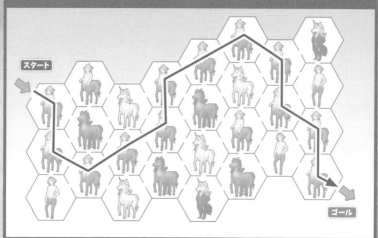

90〜91ページの こたえ

92〜94ページの こたえ

2章 密林の迷宮

密林の迷宮を
ぬけて
インファント
ドラゴンは
**イノセント
ドラゴン**
に進化した!

ゲット!

98ページを チェック!

じつは、密林の迷宮には、
世界樹のタネが
3つ あったんだ!
まえの めいろに もどって
さがしてみよう!
ヒントは マンドレイク・
カボチャ・キノコだ!
ぜんぶ みつけたら、
ユグドラシリウス
を **ゲット!**

世界樹のタネ

98ページを チェック!

きみがゲットしたモンスターを、しょうかいしよう!

ギガントヘラクレス

攻撃力 5000　防御力 5000

するどいツノと かたい
よろいを もつ 森の戦士。

ケツァルコアトル

攻撃力 7000　防御力 2500

天気を あやつる 力を
もっている らしい。

イノセントドラゴン

攻撃力 6000　防御力 4000

大きく せいちょうし、
空も とべるように なった。

ユグドラシリウス

攻撃力 1500　防御力 8500

すべての 生命の ひみつを
しっていると いわれている。

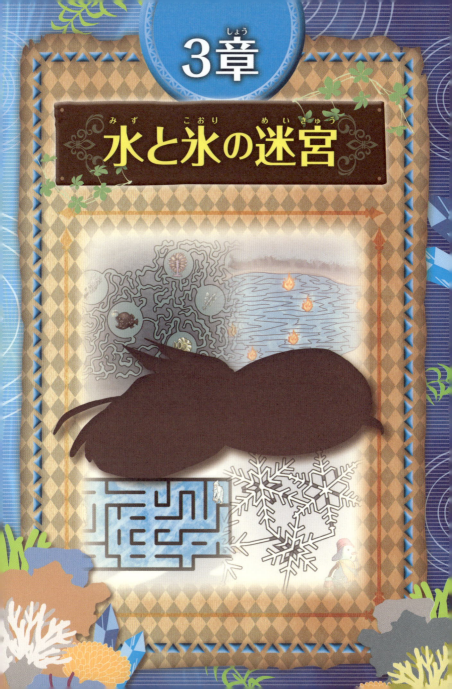

3章
水と氷の迷宮

とても　めずらしい
深海モンスターの　迷宮だ。
すべての　モンスターを　とおっていけば
きっと　ゴールに　たどりつけるはずだ。

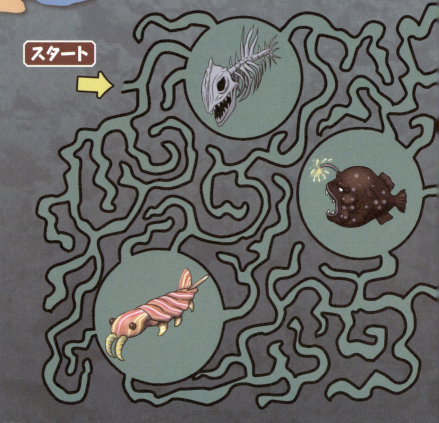

3章 水と氷の迷宮

こたえは 110ページ

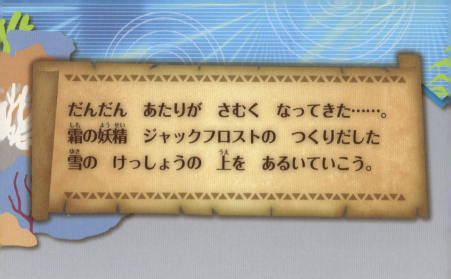

だんだん あたりが さむく なってきた……。
霜(しも)の妖精(ようせい) ジャックフロストの つくりだした
雪(ゆき)の けっしょうの 上(うえ)を あるいていこう。

スタート

雪男　イエティの　すんでいる　氷の迷宮だ。
ゆかが　つるつると　すべるので、
いちど　道を　すすんだら
かべに　ぶつかるまで　まがれないぞ。

3章 水と氷の迷宮

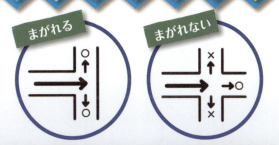

ゴール

こたえは 111ページ

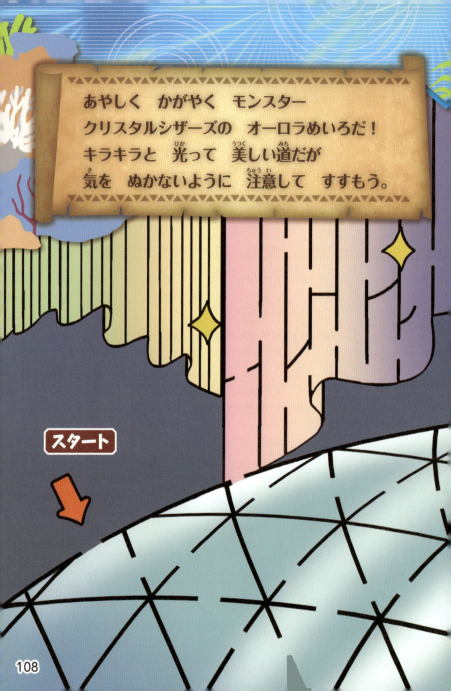

100〜101ページの こたえ

102〜103ページの こたえ

3章 水と氷の迷宮

104〜105ページの こたえ

106〜107ページの こたえ

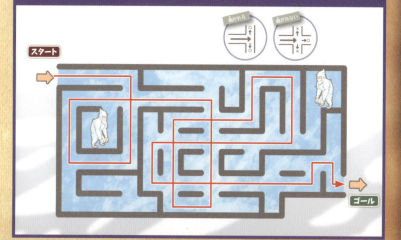

108〜109ページの こたえ

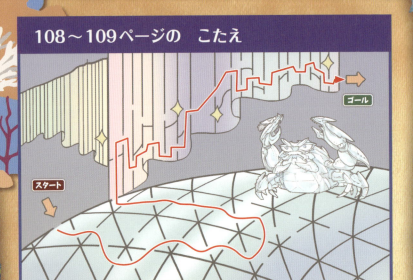

ねむりから目ざめた **オリハルコンタートル** を **ゲット!**

146ページを チェック!

3章 水と氷の迷宮

歌声で ゆうわくをする モンスター セイレーンが いるぞ。
心を うばわれないよう すばやく とおりぬけよう。

こたえは 120ページ

魚のモンスターの なわばりを とおるぞ。
めいろから 足を すべらせたら、
まっさかさまに 海に おちて
モンスターに 食べられてしまうぞ！

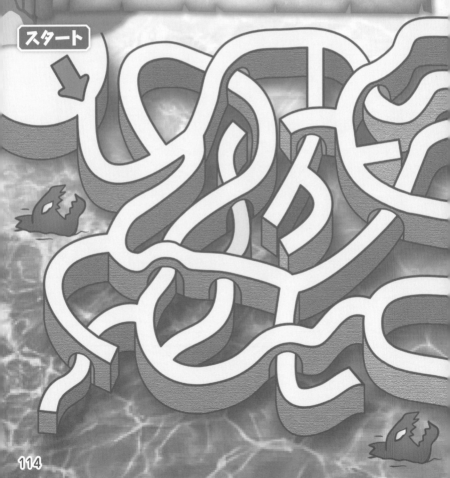

3章 水と氷の迷宮

ゴール

こたえは 120ページ

海にすむモンスター マーピープルの 村だ。
人魚のマーメイドと 半魚人のマーマンを
こうごに とおって ゴールまで すすもう。

スタート

3章 水と氷の迷宮

こたえは 121ページ

世界じゅうの カエルのモンスターが
あつまる もうどくの 湖に たどりついたぞ。
水に おちないように ゴールしよう。

スタート

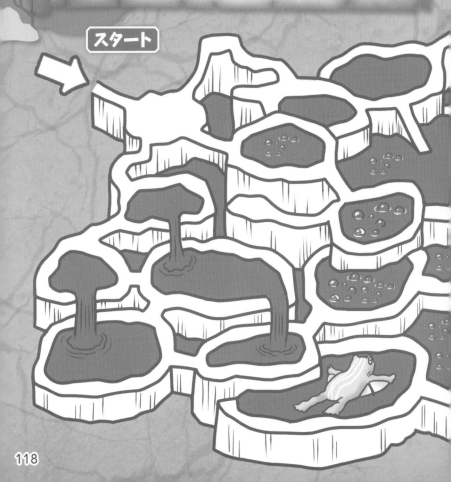

3章 水と氷の迷宮

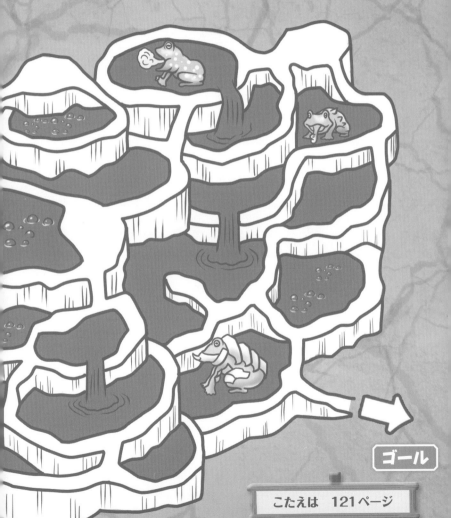

こたえは 121ページ

113ページの こたえ

114〜115ページの こたえ

3章 水と氷の迷宮

116〜117ページの こたえ

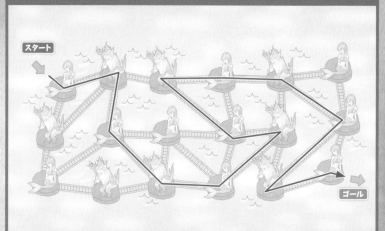

118〜119ページの こたえ

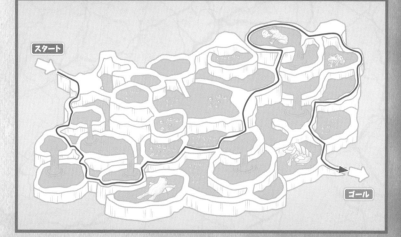

あやしげな いせきに たどりついた。
亡霊(ぼうれい)の レイスたちに であわないように
部屋(へや)を とおって すすんでいこう。

スタート

3章 水と氷の迷宮

ゴール

こたえは 128ページ

10万ボルトの 電気をだす
メガエレキクラゲの めいろだ。
ちょうど 10ぴきに なるように あつめて、
100万ボルトで ゴールしよう！

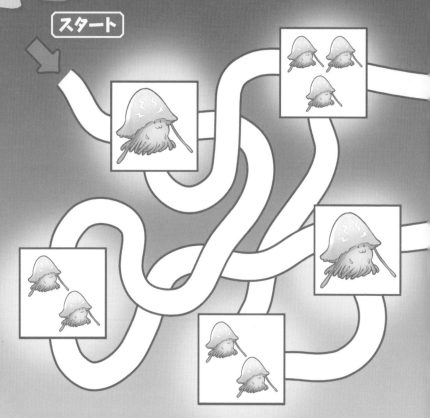

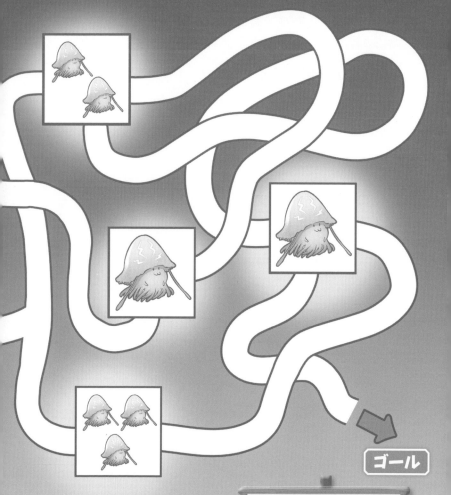

3章 水と氷の迷宮

ゴール

こたえは 128ページ

むげんに はえかわる 首を もつ
おそろしい モンスター ヒュドラが あらわれた！
どれか 1本の 首だけが
ゴールにある からだまで つづいているぞ。

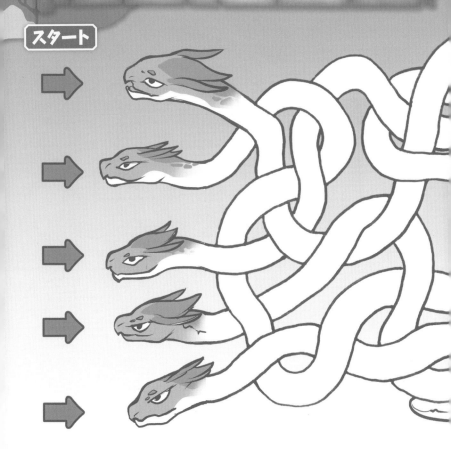

122～123ページの こたえ

124～125ページの こたえ

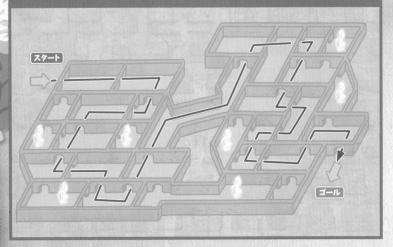

3章 水と氷の迷宮

126〜127ページの こたえ

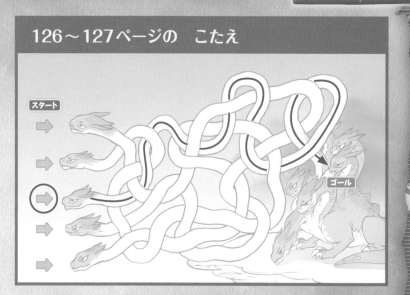

封印されていた モンスター

オオカミの王 フェンリル を **ゲット!**

146ページを チェック!

たえまなく 水を だしつづける
伝説の水がめ アクアリウスの ふんすいだ。
☆1から☆6までの 数字を たどって
ゴールに むかおう。

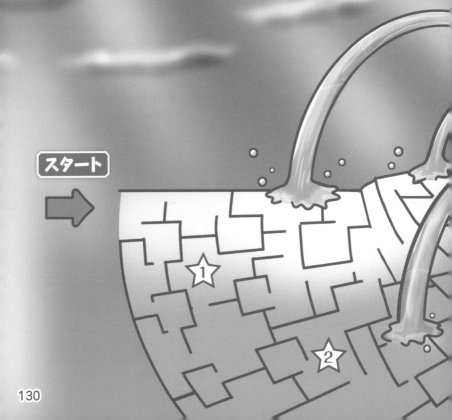

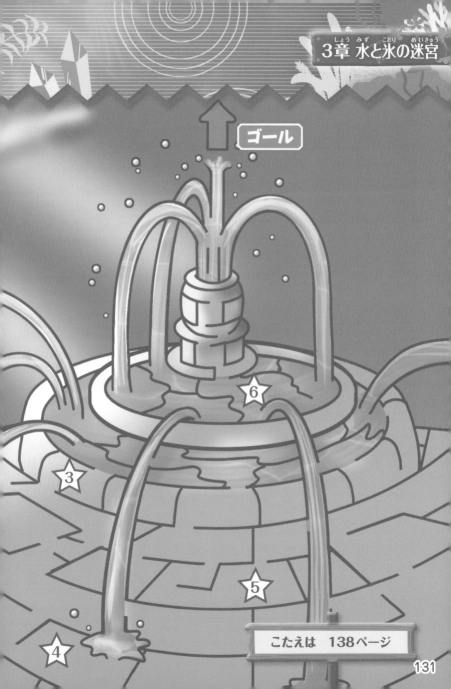

風が 強く ふいてきたようだ……。
海を はしる馬 ヒッポカンポスに のって、
うずしおと たつまきの あらしを ぬけよう！

スタート

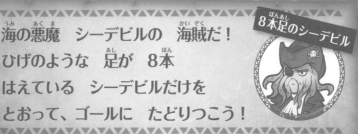

海の悪魔 シーデビルの 海賊だ！
ひげのような 足が 8本
はえている シーデビルだけを
とおって、ゴールに たどりつこう！

8本足のシーデビル

スタート

3章 水と氷の迷宮

ゴール

こたえは 139ページ

130～131ページの こたえ

132～133ページの こたえ

3章 水と氷の迷宮

134～135ページの こたえ

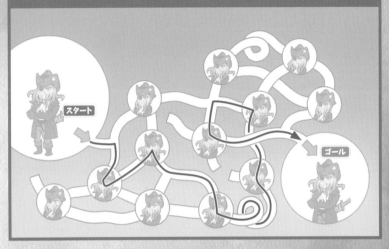

136～137ページの こたえ

ほらあなは、なんと どくヘビ
ヨルムンガンドの からだの なかだった！
たき木を ひろいあつめて ゴールまで いき、
火をつけて 攻撃しよう！

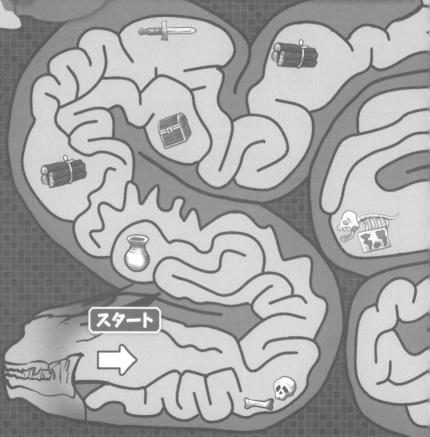

3章 水と氷の迷宮

ゴール

こたえは 144ページ

141

140〜141ページの こたえ

142〜143ページの こたえ

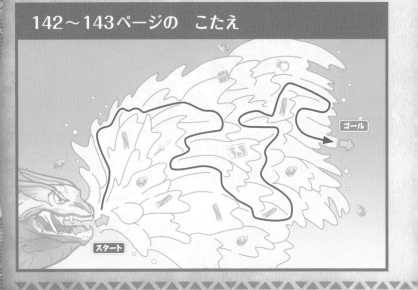

3章 水と氷の迷宮

水と氷の迷宮を ぬけて イノセントドラゴンは

ミリオネアスドラゴン に進化した！

ゲット！

146ページを チェック！

142〜143ページの めいろに アクアマリンが 6つ あったぞ！ ぜんぶ みつけたら **海神リバイアサン** を ゲット！

アクアマリン

146ページを チェック！

きみがゲットしたモンスターを、しょうかいしよう！

オリハルコンタートル

攻撃力 7000　防御力 8500

かがやく　こうらは
てっぺきの　防御をほこる。

オオカミの王　フェンリル

攻撃力 12000　防御力 6000

強すぎる力を　もつため、
氷のなかに　封印されていた。

ミリオネアスドラゴン

攻撃力 10000　防御力 8000

なかまを　まもるためなら
とてつもない　力をだせる。

海神　リバイアサン

攻撃力 9000　防御力 12000

世界じゅうの　海の
どこにでも　およいでいける。

4章 火山の迷宮

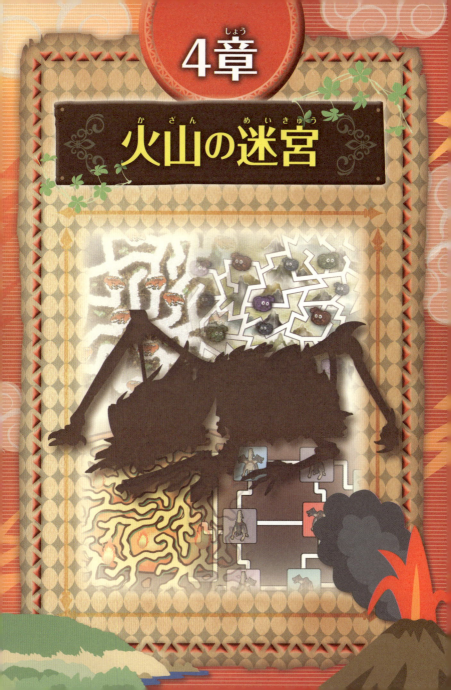

あたりが どんどん あつくなってきた……。
炎(ほのお)のトカゲ サラマンダーを すべて とおって、
火山(かざん)に のぼる じゅんびを しよう。

スタート

大きな ようがんの 池が
ぐつぐつと にえたぎっている……。
足を すべらせないように 正しい道を
えらんで ゴールを めざそう。

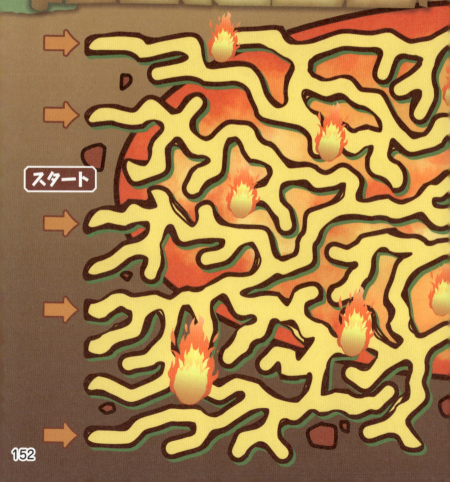

148〜149ページの こたえ

150〜151ページの こたえ

4章 火山の迷宮

152〜153ページの こたえ

炎の なかから あらわれた **フェニックス** を **ゲット！**

183ページを チェック！

地獄の番犬　ケルベロスと　オルトロスが
道を　まもっている。
頭の　むいている　方向にだけ
すすむことが　できるぞ。

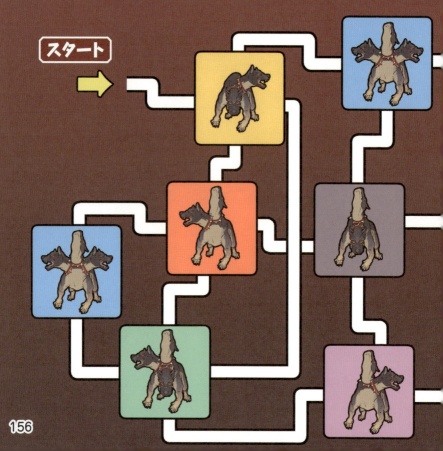

4章 火山の迷宮

▶このときは、上と左にすすむことができる。

▶このときは、下と右と左にすすむことができる。

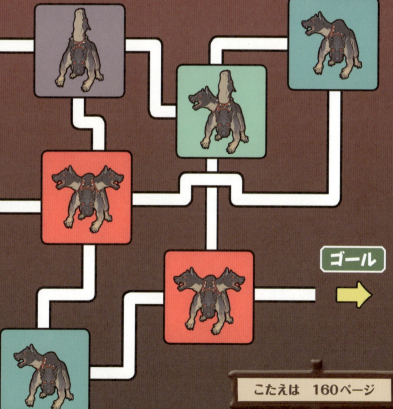

こたえは 160ページ

▼▲▼▲▼▲▼▲▼▲▼▲▼▲▼▲▼▲▼▲▼▲▼▲▼▲▼▲

こちらを にらんでいる
マンティコアの まえを とおるぞ。
からだに まざっている ライオン・コウモリ・
サソリの 順番に めいろを すすんでいこう。

4章 火山の迷宮

こたえは 160ページ

156〜157ページの こたえ

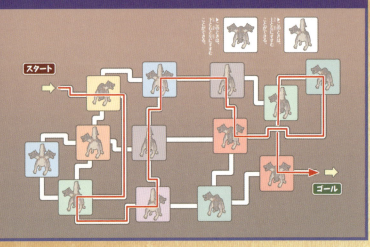

158〜159ページの こたえ

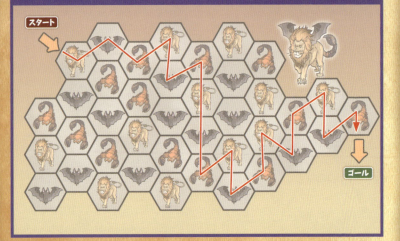

4章 火山の迷宮

うごめく よろいの 騎士 デュラハンが
頭の かぶとを なくしてしまったようだ。
めいろを といて、
かぶとを みつけて あげよう。

スタート

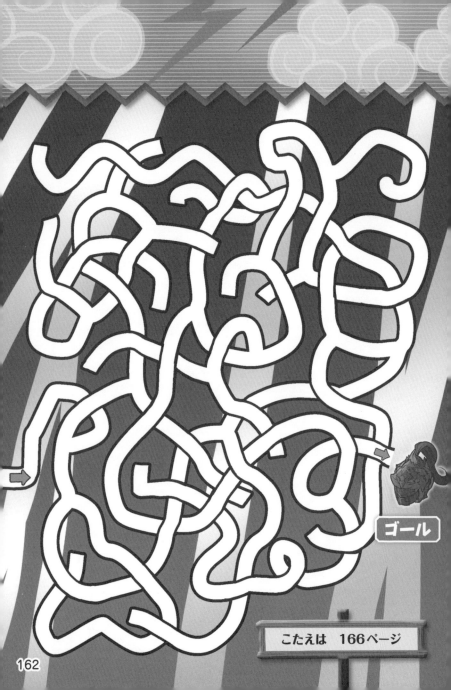

4章 火山の迷宮

100の目を もつ モンスター
アルゴスが たちふさがっている。
みつからない ように、
とじた目の マスだけを とおりぬけよう。

スタート

ゴール

こたえは 166ページ

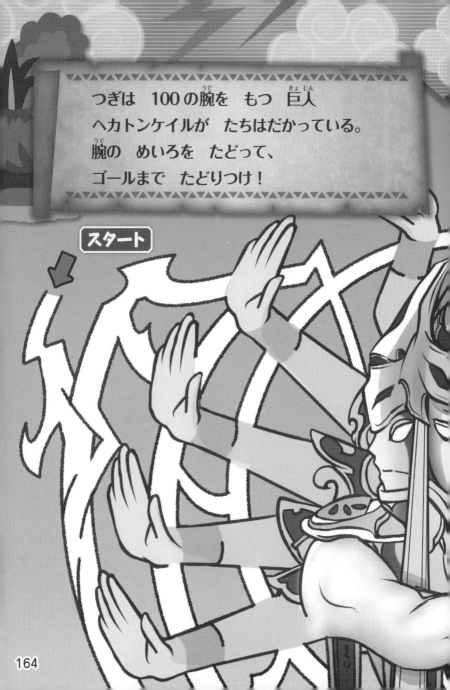

161～162ページの こたえ

163ページの こたえ

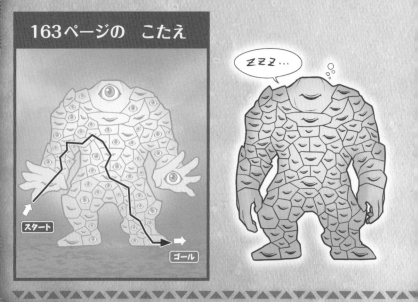

4章 火山の迷宮

164〜165ページの こたえ

きみの 力を
みとめた
百腕の巨人
ヘカトンケイル
を

183ページを チェック!

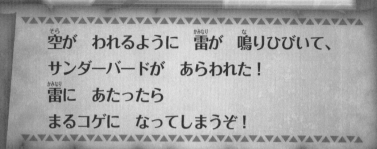

空が われるように 雷が 鳴りひびいて、
サンダーバードが あらわれた！
雷に あたったら
まるコゲに なってしまうぞ！

4章 火山の迷宮

ゴール

こたえは 176ページ

もうすぐ 山の ちょうじょうだ！
火山弾や マグマに 気をつけて、
いっきに ゴールまで のぼっていこう。

スタート

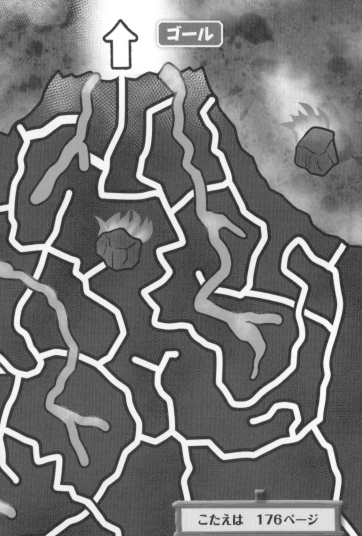

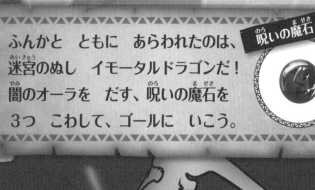

ふんかと ともに あらわれたのは、
迷宮のぬし イモータルドラゴンだ！
闇のオーラを だす、呪いの魔石を
3つ こわして、ゴールに いこう。

呪いの魔石

スタート

4章 火山の迷宮

ゴール

こたえは 177ページ

ゴール

こたえは 177ページ

168〜169ページの こたえ

170〜171ページの こたえ

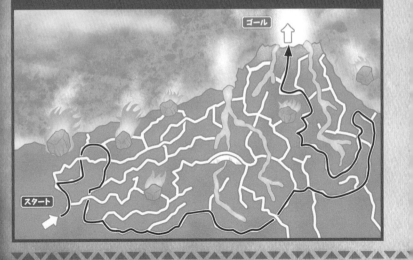

4章 火山の迷宮

172〜173ページの こたえ

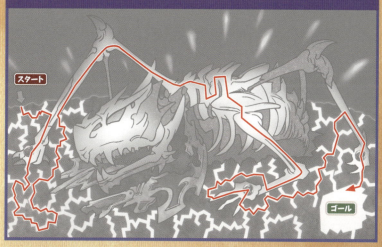

174〜175ページの こたえ

ものすごい 音と
ともに、
イモータル
ドラゴンは
マグマの なかに
きえていった……。

ミリオネアス
ドラゴンが
迷宮のぬしの
よろいを まとって
エンペラー
ドラゴン
に進化した！

ゲット！

183ページを チェック！

4章 火山の迷宮

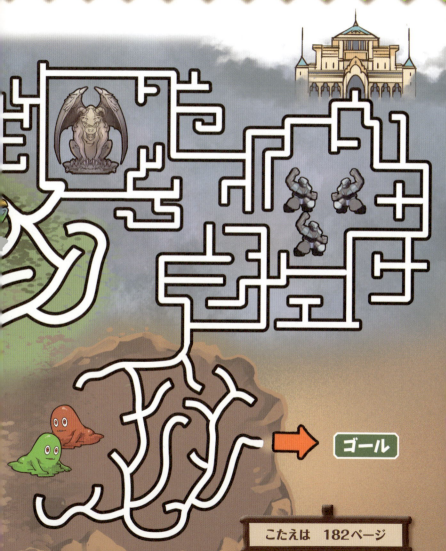

こたえは 182ページ

179～181ページの こたえ

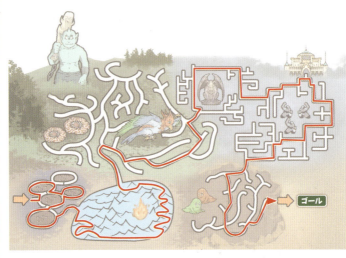

きみがゲットしたモンスターを、しょうかいしよう！

フェニックス

攻撃力 10000　**防御力** 13000

もえる炎から あらわれる。
けっして 死ぬことはない。

百腕の巨人 ヘカトンケイル

攻撃力 17000　**防御力** 7000

腕1本 だけで、岩山を
かるがると もちあげる。

エンペラードラゴン

攻撃力 18000　**防御力** 15000

すべての ドラゴンの 上に
くんりんする ドラゴンの王。
モンスターを 封印から
ときはなつ 力を もっている。

きみのおかげで、迷宮の 封印は とかれた……。

迷宮のぬし イモータルドラゴンは たおれ、
モンスターたちは めいろの 封印から
ときはなたれた。
このばしょには 平和が
もどろうと している……。

だが、いつの日か 新たな しれんが
きみの まえに たちふさがるときが くるだろう。
そのときには ふたたび
ちえと ゆうきを ふりしぼり、
なかまたちを すくってほしい。
きみなら きっと できるはずだ……！

迷宮の モンスター図鑑

クリアできためいろのモンスターに、☑をつけよう。

☑ スライム

攻撃力 500　**防御力** 500

ゼリーの　からだで
どこにでも　もぐりこむ。

☑ グレムリン

攻撃力 1000　**防御力** 1000

いたずらずきで
きかいを　よくこわす。

☑ ゴーレム

攻撃力 2000　**防御力** 2000

神殿に　ちかづく者に
ようしゃなく　攻撃。

☑ ミミック

攻撃力 2500　**防御力** 1000

宝箱の　ふりをして
旅人に　おそいかかる。

☑ ミイラ男

攻撃力 2000　**防御力** 2000

かみついた　相手を
ミイラに　してしまう。

☑ イービルアイ

攻撃力 1000　**防御力** 2000

心のなかを　読みとる
魔法の目を　もつ。

バンパイア
攻撃力 3000 防御力 3000
夜の闇に まぎれて かみつき 血をすする。

ガーゴイル
攻撃力 1500 防御力 2500
命を ふきこまれた 生きている 石のぞう。

アラクネ
攻撃力 3000 防御力 2000
クモたちを じざいに あやつることができる。

アンデッドキング
攻撃力 5000 防御力 3000
かつては 神殿の 大神官だった。

ロックバード
攻撃力 4000 防御力 4000
台風を おこせるほど 力強く はばたく。

マンドレイク
攻撃力 1000 防御力 500
土から ひきぬくと ものすごい 声をだす。

ホムンクルス
攻撃力 2000 防御力 2000
あやしい じっけんの すえに 生まれた。

ジャックオーランタン
攻撃力 1000 防御力 3000
この世と あの世を さまよっているらしい。

ダークラフレシア
攻撃力 3500 防御力 2000
えものを ドロドロに とかしてしまう。

ケットシー
攻撃力 2500　防御力 3000

頭はいいが いつも
むだな話ばかりする。

キラーファンガス
攻撃力 2000　防御力 3500

もとは 人間だった
との うわさがある。

メデューサ
攻撃力 7000　防御力 2500

とても 美しいが
せいかくは れいこく。

ケンタウロス
攻撃力 5500　防御力 4500

人と 馬の 血を
ひく 森のかりうど。

サイクロプス
攻撃力 8000　防御力 6000

あれちに なるまで
森を はかいしつくす。

ウィルオウィスプ
攻撃力 3000　防御力 3000

魂を うばわれるので
みつめては いけない。

ジャックフロスト
攻撃力 3500　防御力 3500

なんでも カチカチに
こおらせて 食べる。

イエティ
攻撃力 6000　防御力 3500

なわばりに はいると
おこって 攻撃する。

クリスタルシザーズ
攻撃力 5500　防御力 7000

きらめく ハサミは
オーロラも きりさく。

セイレーン	マーメイド	マーマン
攻撃力 4000　防御力 4000	攻撃力 3000　防御力 5000	攻撃力 5000　防御力 3000
歌をきいて ねむると 3日は 目ざめない。	いたずらずきで、よく マーマンを からかう。	まじめな せいかく。 マーメイドと くらす。

レイス	メガエレキクラゲ	ヒュドラ
攻撃力 4500　防御力 4500	攻撃力 5000　防御力 500	攻撃力 9000　防御力 8000
いせきへの みれんが あり さまよっている。	電気を ためこんで まぶしい 光をはなつ。	もうどくの キバと しなる首は てごわい。

ヒッポカンポス	シーデビル	クラーケン
攻撃力 7000　防御力 5500	攻撃力 6500　防御力 6500	攻撃力 8000　防御力 7500
どんな あらなみも かるがる のりこなす。	船を ちんぼつさせて 荷物を うばいとる。	いかなる 攻撃も からめとってしまう。

☑ ヨルムンガンド	☑ サラマンダー	☑ モンスターガス

攻撃力 10000　防御力 9000	攻撃力 4000　防御力 4000	攻撃力 5500　防御力 4000
しっぽの先は 世界の はてに およぶという。	あつい ところでは 攻撃力が あがる。	火山に いどむ者に げんかくを みせる。

☑ ケルベロス	☑ オルトロス	☑ マンティコア
攻撃力 10000　防御力 7500	攻撃力 7500　防御力 5000	攻撃力 13000　防御力 11000
3つの頭は ときどき けんかする。	2つの頭で いつも あらそってばかり。	気のあらい とても きけんな モンスター。

☑ デュラハン	☑ アルゴス	☑ サンダーバード

攻撃力 8000　防御力 8000	攻撃力 10000　防御力 12500	攻撃力 14000　防御力 8500
よろいに 魂が やどり うごきだした。	100この目は 交代で ねむるようだ。	雷雲を 食べてそだち あらしを まきおこす。

イモータルドラゴン

攻撃力 20000　**防御力** 12000

ほねだけで　うごきつづける
おそるべき　ドラゴン。
モンスターを　めいろに
封印する力を　もっている。

この図鑑にのっていないモンスターもいるぞ！
さがしてみよう！

おたより大ぼしゅう

この本を　読んだ
感想を　おくってね

おたより
まってるよ～

あてさき　〒160-8565　東京都新宿区大京町22-1
ポプラ社児童書出版局
「なぞなぞ＆ゲーム王国53　迷宮のモンスター」の係まで

※みなさんのおたよりは、出版局と制作者で読んで、参考にさせていただきます。

作／さそり山かずき
絵／卯月（サイドランチ）
作画協力／柳和孝、みじんコ王国、田嶋陸斗
めいろ考案／大西憲司
デザイン／田中小百合

企画・編集・制作／株式会社アルバ

なぞなぞ＆ゲーム王国㊿

迷宮のモンスター

発　　　行　2017年 12 月　第 1 刷

発　行　者　長谷川　均
編　　集　　鍋島　佐知子
発　行　所　株式会社ポプラ社
　　　　　　〒 160-8565　東京都新宿区大京町 22-1
　　　　　　振替 00140-3-149271
　　　　　　電話　（営業）03-3357-2212
　　　　　　　　　（編集）03-3357-2216
　　　　　　インターネットホームページ　www.poplar.co.jp
印刷・製本　図書印刷株式会社

Ⓒ Side Ranch　2017　Printed in Japan
N.D.C.798/191P/19cm　ISBN978-4-591-15651-3

本書のコピー、スキャン、デジタル化等の無断複製は著作権法上での例外を除き禁じられています。本書を代行業者等の第三者に依頼してスキャンやデジタル化することは、たとえ個人や家庭内での利用であっても著作権法上認められておりません。落丁本・乱丁本は、送料小社負担でお取り替えいたします。小社製作部宛にご連絡ください。製作部 電話 0120-666-553
受付時間は月〜金曜日、9：00〜17：00（祝祭日は除く）

※みなさんのおたよりをお待ちしています。おたよりは、出版局から制作者・著者へおわたしいたします。

18さいまでの子どもがかけるでんわ
チャイルドライン®
0120-99-7777
ごご4時〜ごご9時 ＊日曜日はお休みです